D1683608

Blaufilter 1.0

Lyrik meets Graphik

Impressum

Herausgeber:	Kurt Blessing
© 2022:	Kurt Blessing Mülheim an der Ruhr

kurt.blessing@live.de

Erstausgabe:	Februar 2023
Autorenfoto:	Betr.-Wirt (VWA) Rolf Blessing
Graphiken:	Kurt Blessing nach Ideen von Rolf Blessing
Lektorat:	M.A. Katharina Maria Brücher

Inhaltsverzeichnis   Seite

Blaues Nichts	4
Die saphirblaue Stunde	6
Meinen Namen	8
Unser Tanz	10
Cha Cha Cha	12
Hauchhhhhhh	14
Das kleine blaue Leben	16
Metamorphysisch	18
Erntedank 2.0	20
Nachts	22
Ewige Liebe	24
Wir	26
Der Ring	28
Der Blumenkranz	30
Zeeiiitttt	32
Licht und Leben	34
Weinseiten	36
Glück	38
Des Lenzes Flair	40
Kontaktdaten / Kurzvita	42
Schriftenverzeichnis	43

Blaues Nichts

Im Traum schwebe ich durch's All,
dem Ursprung allen Seins.
Dunkle Lautlosigkeit umgibt mich
im Klang der Stille.

Ich erinnere mich an Menschen,
deren Krach wie Hagel niederkommt.
Sprache ohne Inhalt,
Musik wie totes Licht.

Hier bin nur ich allein.
Niemand kann mir folgen.
Satt bin ich, ein gestillter Säugling
und ruhig, wie im Grab.

Ich überschweige Lärm der Gedanken,
die den Raum öffnen, wie ein Blitz
und dann zurückkommen,
alt und zerteilt.

Ein fernes Glühen lenkt mich ab.
Ist das der neue Morgen,
der ein anderes Lied schreibt,
über das Nichts ?

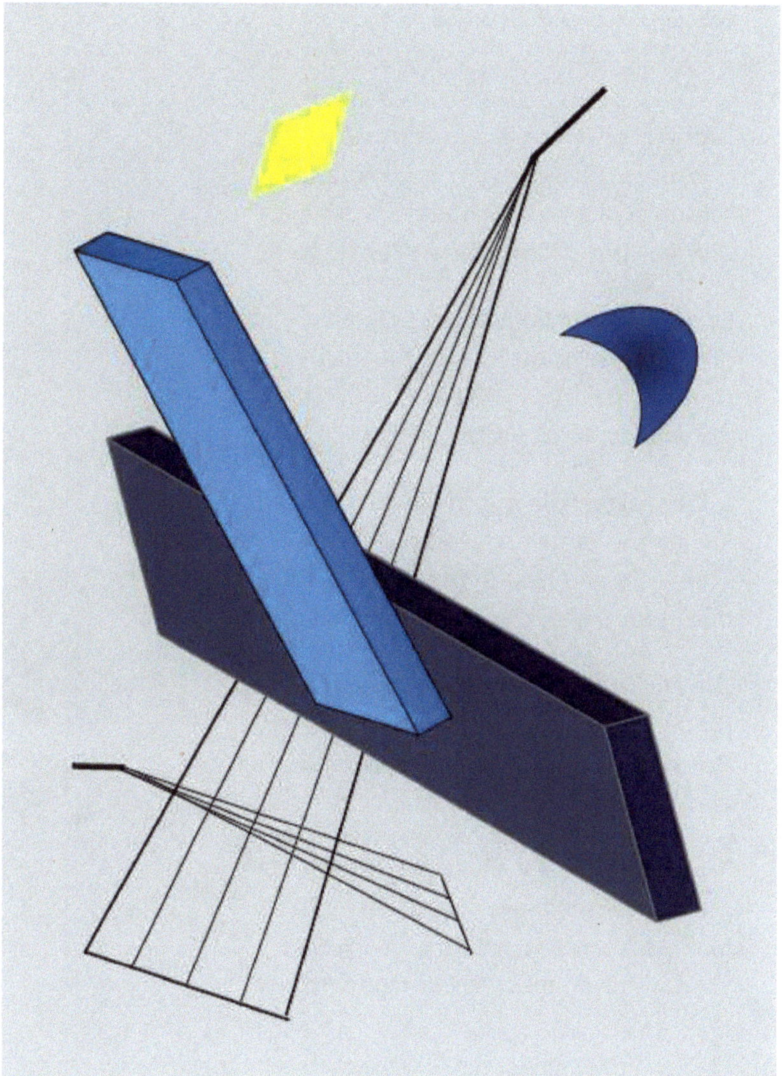

Die saphirblaue Stunde

Wenn der Tag schon müde ist,
flimmert die Neige der Sonne umher,
schleppt sich das Licht zum Horizont
und verendet dort ohne Wehklage.

Es nimmt den Farben ihre Härte
und verwischt die eckigen Konturen.
Der scharfe Blick wird eingeebnet,
die nackte Haut dann rosarot.

Jetzt steigen die guten Geister auf.
Sie singen die alten Lieder, Weisen
vom ewigen Frieden und vom Glück
und flüstern leis' vom nahen Tod.

Die Nacht ist noch nicht eingetroffen.
Blaue Farben kämpfen um die Macht.
Der dunkle Saphir, der wird siegen,
weil der schwarze Kobalt platzt.

Manchmal endet diese Stunde nicht,
nimmt alles schwere Leid mit sich,
in die Existenz von sanftem Frieden,
wird magisch wie ein Elfenschleier.

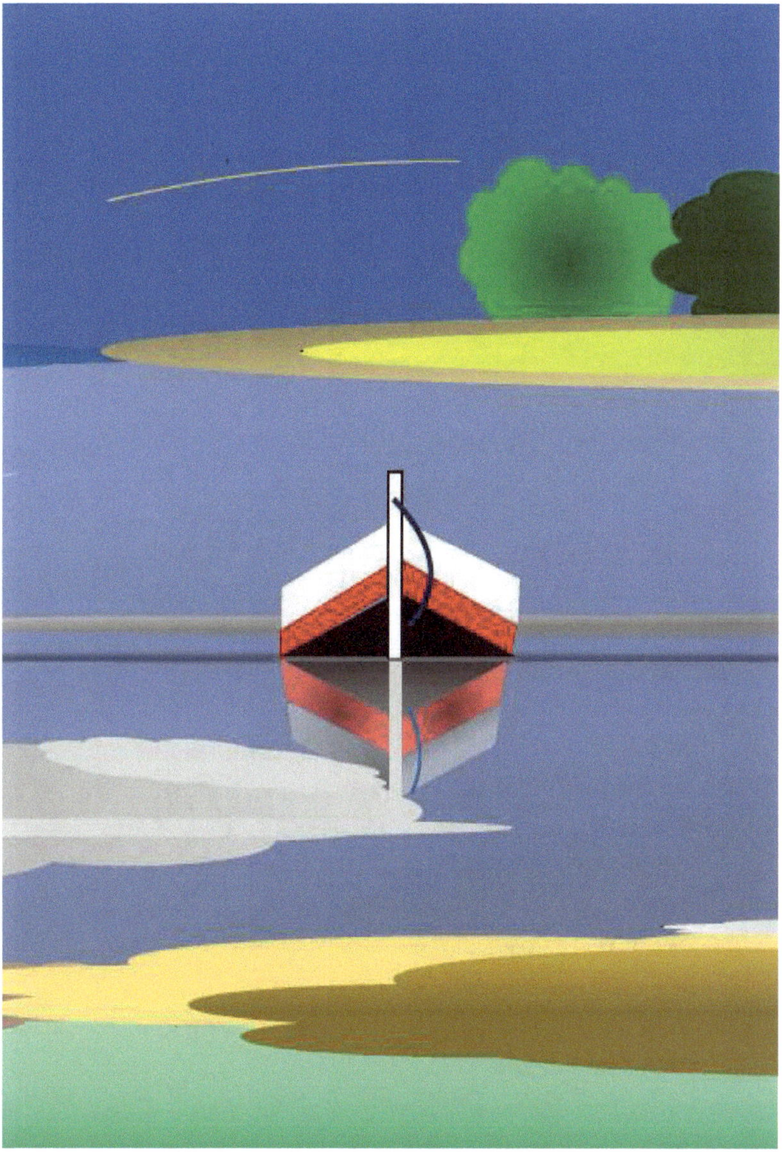

Meinen Namen

Du hast gesagt
und das ist richtig:
„Keiner gab mir je
seinen Namen!"

Du warst zu groß
für mich, zu stark,
zu weit entfernt,
in Deiner Welt.

Es gab die kurze Zeit,
als wir uns trafen.
Ich war, noch so jung,
fast an Dir verglüht.

Deines Lachens Ton,
ich erkenn' ihn überall,
immer wünsche ich mir,
ihn noch mal zu hören.

Im nächsten Leben,
finden wir uns wieder,
dann sollst Du endlich
meinen Namen tragen.

Das heißt nicht,
keiner liebte Dich,
denn einer liebt
Dich immer noch.

Ich konnte selbst
in dunklen Stunden,
nur ein Kerzenlicht
für Deine Sinne sein.

Deiner Augen Blicke
suchte ich zu fangen,
sie zu speichern, so,
dass Du nichts ahntest.

Wir wachten nachts,
als wir uns trafen
im verlorenen Traum.
Du und ich ebenso.

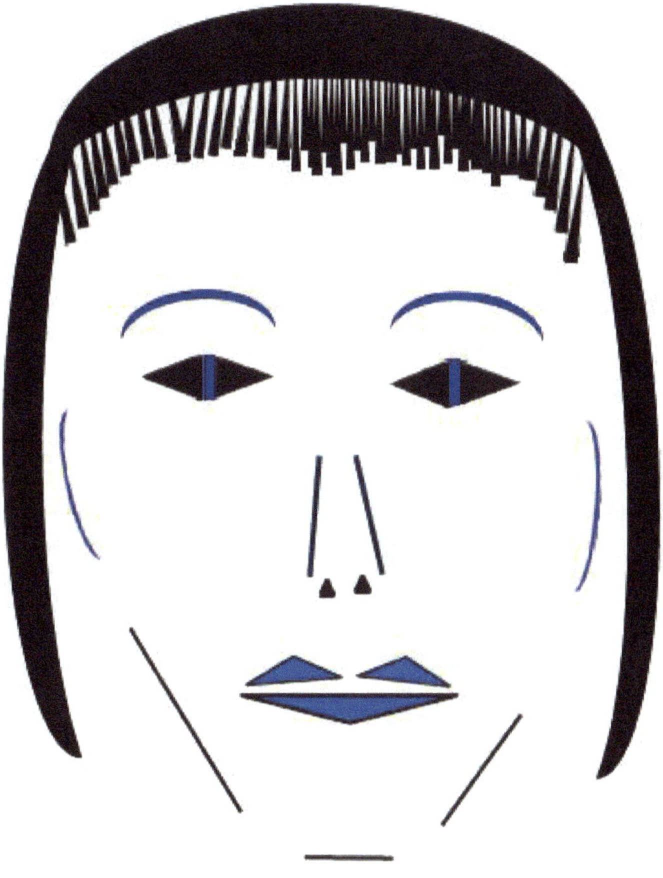

Unser Tanz

Dieser Tanz ist unser.
Der Rhythmus füllt den Raum.
Vibrationen auf der Haut.
Die Fasern unserer Körper ordnen sich dynamisch ein.
Das Spiel mit dem Takt dehnt die Zeit.
Wie eine transzendente Meditation.
Die Umgebung verschwimmt, wird unwirklich.
Nichts anderes nehme ich wahr, als komprimierte Luft.
Auf weißen Flügeln schwebt mein Geist.
Der Körper kann kaum folgen.
Alles ist vertraut, alles ist selbstverständlich.

Wir zwei sind eins.
Durch deine Augen schaue ich
bis auf den Grund der Seele.
Nichts kann verborgen bleiben.
Alles ist möglich.
Nur hier und jetzt, auf ewig vereint.
Wir folgen dem komponierten Pfad der Musik,
zu ungeahnten Höhen, in eine andere Dimension.
Dort trifft sich magisch unser Sein.
Regenbögen sprühen durch den Kopf.
Ich wünschte, es hörte nie mehr auf.

11

Cha Cha Cha

Tan.zen ge.hen, Spiel zu zweit,
hei.ße Klän.ge in der Zeit.
Ku.bas Bes.ter ist jetzt da,
bun.ter Rei.gen, Cha Cha Cha.
Flot.ter Rhyth.mus hält uns fit,
lang.sam lang.sam , quick, quick, quick.
Se.xy Klei.dung bunt bis schrill,
Schim.mer Glim.mer ist der Stil.
Schnel.le Dre.hung rechts und links
pres.to pres.to, guck, da ging's.
Haa.re wir.beln durch die Luft,
bla.nke frei.e Brust mit Duft.
Kur.zer Fum.mel, Po im Glanz,
wei.che Ar.me, schön beim Tanz.
Hüf.ten krei.sen um sich rum,
lan.ge Bei.ne, wird man stumm.
Stram.me Wa.den, rund und keck,
ho.he Schu.he, rot, fein, schick.
Wer.ben, bal.zen wie ein Pfau
Vol.ler An.trieb, nicht so lau.
Bei.de ge.hen aus sich raus,
tol.les Ge.fühl bleibt nicht aus.
Mu.sik-En.de, dann ist Schluss
 Kur.zer Ab.schied mit 'nem Kuss.

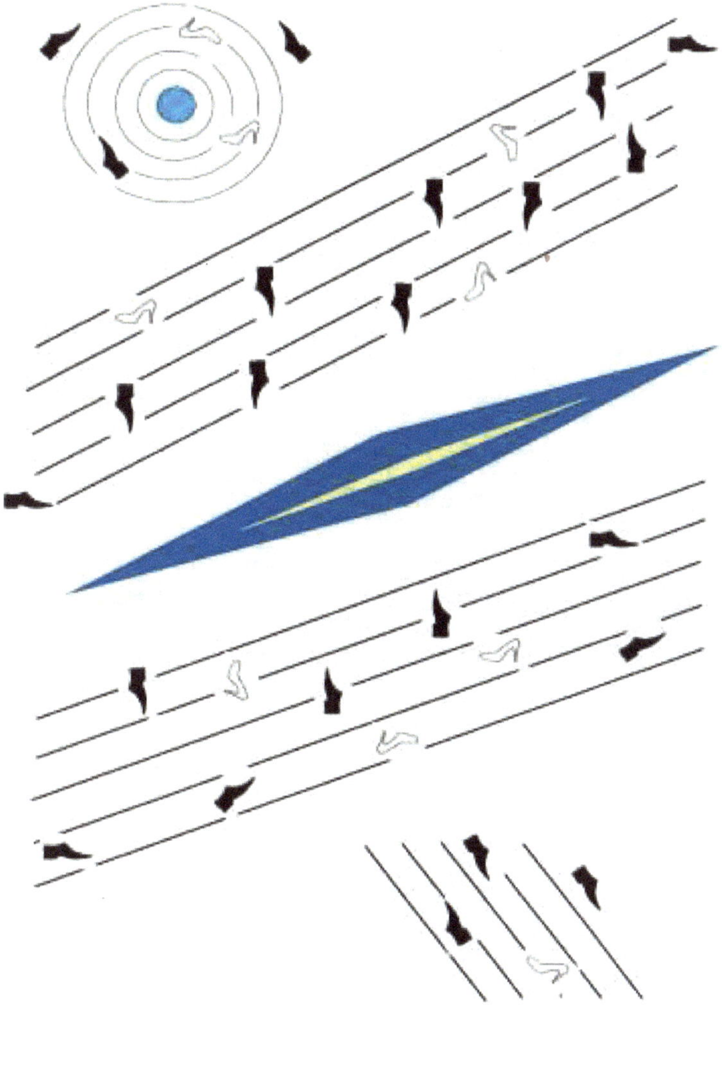

Hauchhhhhhh

Ich bin ein Hauch, ein Luftzug,
von Wärme im Frühling
und Kälte im Herbst,
ich wehe, rausche, säusele.

Bin alleine und wende niemals.
Jeder sieht mich, jeder hört mich.
Niemand fürchtet mich wirklich,
muss sich vor mir schützen.

Ich brause in die Weite, Ferne.
Vielleicht gehe ich zur See,
oder wehe ich in die Berge?
Nichts habe ich bei mir, bin nackt.

Wer weiß, wie lange ich bin;
aber das ist mir einerlei.
Denn ich hatte meinen Trip,
als Hauch, der ich bin.

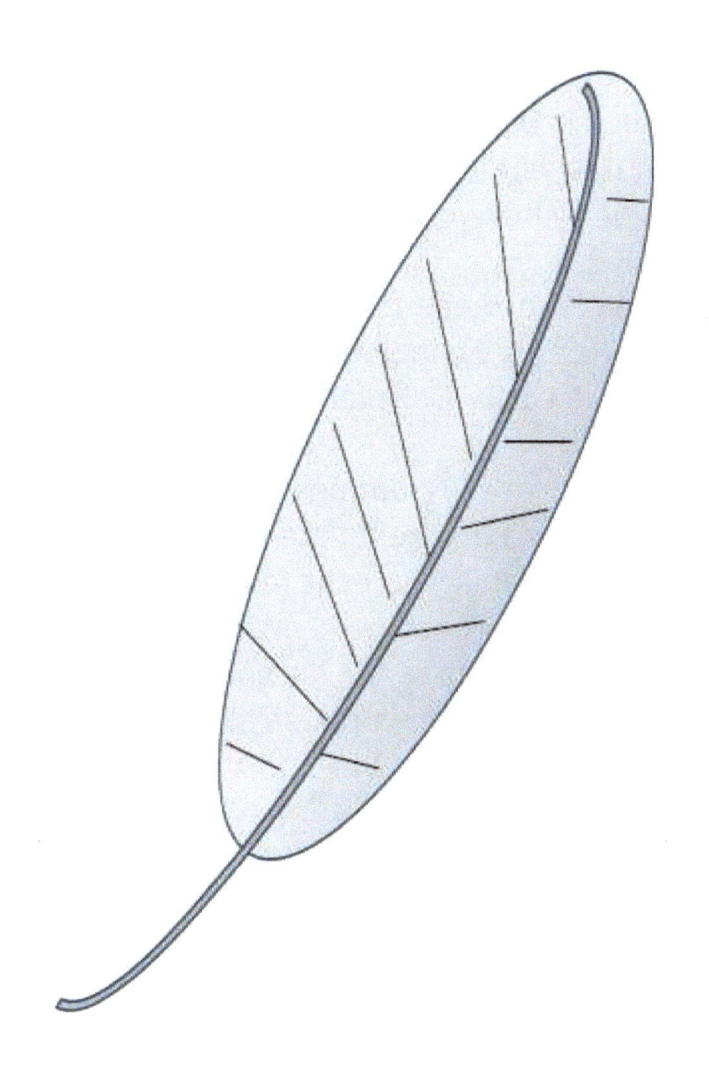

Das kleine blaue Leben

Das kleine Leben ist nicht klein,
es ist das wirklich wahre Sein,
besteht nicht nur aus Sonnenschein.

Bescheidenes Leben ist Rein
und sei es als Schneiderlein;
denn es ist zum Beispiel mein.

Bin kein armselig dummes Schwein,
ich brauche dafür kein Latein,
gerade darum ist es recht fein.

Gleichwohl reicht es für guten Wein,
kann auch reichlich zuhause sein,
hab' freies Leben im Verein.

Mit den Gedanken querfeldein,
immer bei klarem Bewusstsein
sage ich öfters schon mal nein.

Großes Leben ist auch nicht groß.
Zu Reiten auf 'nem edlen Roß,
ist nichts andres als ein Luftschloss.

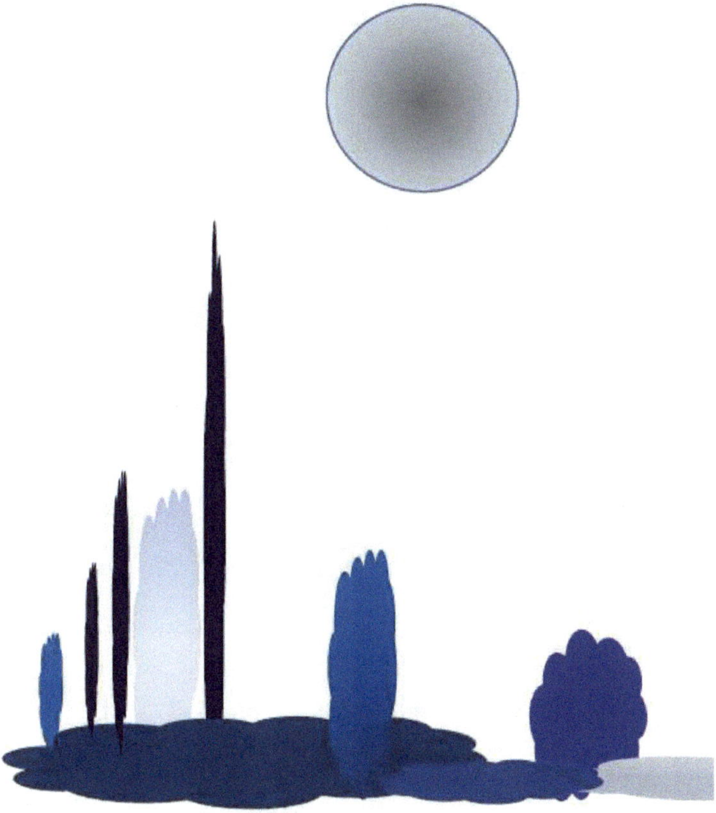

Metamorphysisch

Endlos sind die Sternenwelten,
aber wir sind auf den Erden.
Geboren werden wir nur hier,
zwei Dimensionen leben wir.

Engelgleich schwebt unser Falter.
In zweiter Geburt erlangt er
Flügel. Durch die Wunderschönen,
schwebt er durch drei Dimensionen.

Die Geburt Drei ihn ganz befreit,
in die zweite Dimension der Zeit.
Der Moment bleibt für ihn stehen,
um den Leibwandel zu sehen.

Materie formt Zeitenmasse,
die bringt Enge in die Gasse.
Sie wirkt schneller weit von hier
und genau das wissen wir.

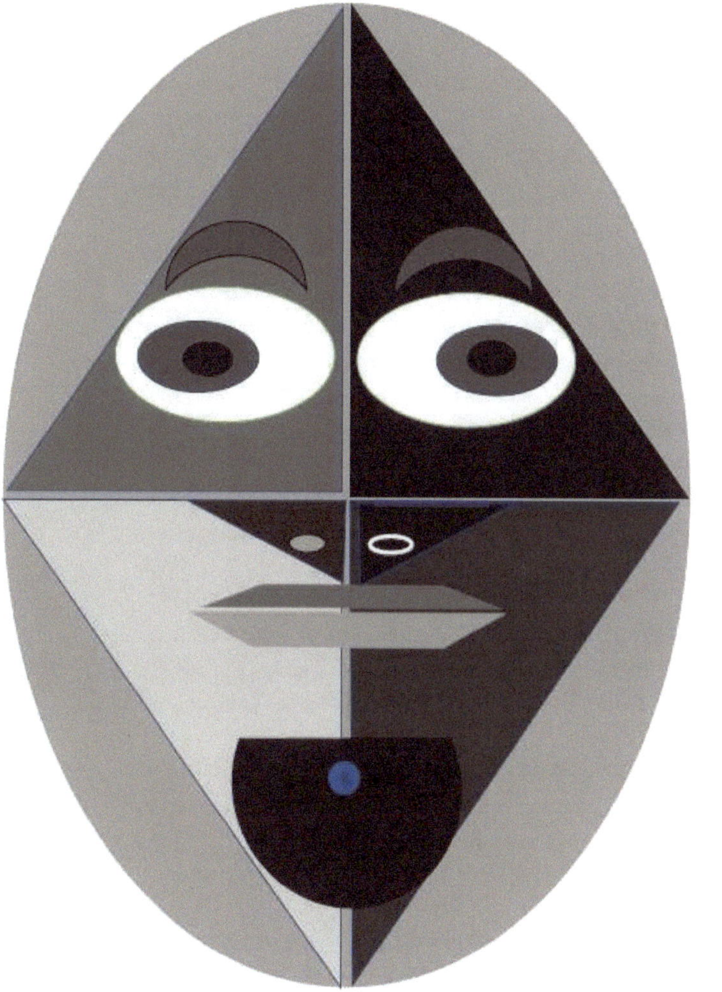

Erntedank 2.0

Ich halte Zwiesprache mit der warmen Sonne.
Strahlen, die ich nicht sehen, nur fühlen kann,
lassen mich zum Gefäß des Sonnensamens werden.
Ihn auszutragen, ward ich geschaffen und gerüstet.

Wie Bienen und Hummeln, die den Honig horten
so gebe ich ihn weiter, mit meinen langen Leben.
Jetzt ist die Zeit der reichen Ernte, der Bevorratung.
Ich habe viel gesammelt; wofür bevorrate ich mich?

Vieles habe ich gesehen, erfahren und angehäuft.
Was ich nicht bekam, wollt' ich auch nicht haben.
Es fällt mir schwer, davon abzugeben, zu schenken,
aber vor allem wird es mir mitleidslos weggerissen.

Und immer mehr Verlust wohin ich auch schaue.
Wieviel kann ich schwinden, bevor ich versiege.
Ich habe keine Armee mehr, die mich verteidigt.
Als Geschlagener wird mir vielleicht Asyl gewährt.

Aber was ist das wert, um das ich gekämpft habe,
was ich zu halten glaubte, dann doch verloren geht?
Ja, ich werde kämpfen um jede einzelne Erinnerung.
Wird mir diese letzte Bastion auch noch genommen?

Ich bin im endlosen Garten und schließe die Augen.
Wenn es dunkel wird, werde ich sie wieder öffnen.
Vögel machen sich für das abendliche Konzert bereit.
Was wissen sie vom kalten Winter, der bald kommt.

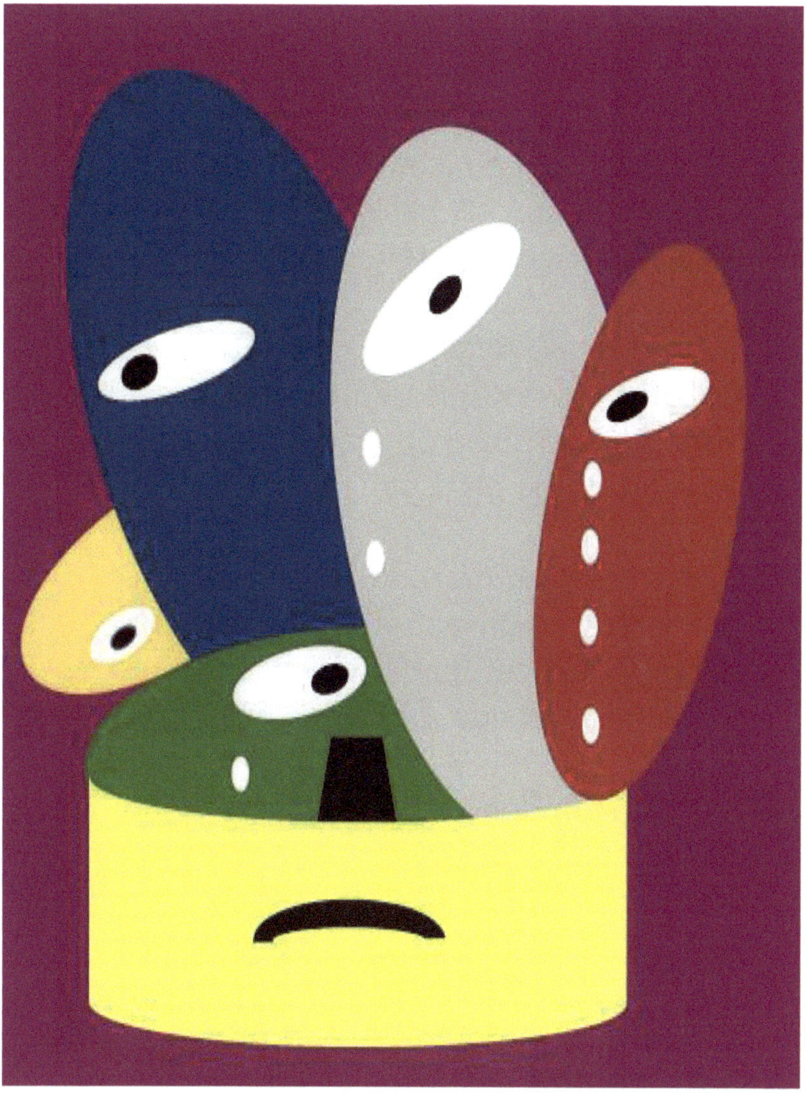

Nachts

Wenn die Zeit nicht mehr schreit,
wenn die Sonne nicht mehr scheint,
dann ist es Nacht, hat sie die Macht.
Der Geist erneuert seine irre Kraft.

Stille überall, Angst sie zu verlieren.
Adagio, wenn Kreaturen generieren.
Töne ändern sich von klar zu schräg,
die Weile wird ganz zäh und träg'.

Farben schlummern um die Wette,
alle sind sie schwarz auf Schwarz,
denn ohne Licht, geht es nicht.
Der Mond hat hier viel Gewicht.

Die Liebe in der Nacht alsdann,
damit ich dich nur fühlen kann,
weil wir dann flüstern und ahnen,
Kanten, Schärfen werden Bahnen.

Die Morgendämmerung wird heller,
und neue Zeit schon laut und greller.
Eilige Hatz beginnt, stellt sich ein.
Sollte es nicht immer Nacht sein ?

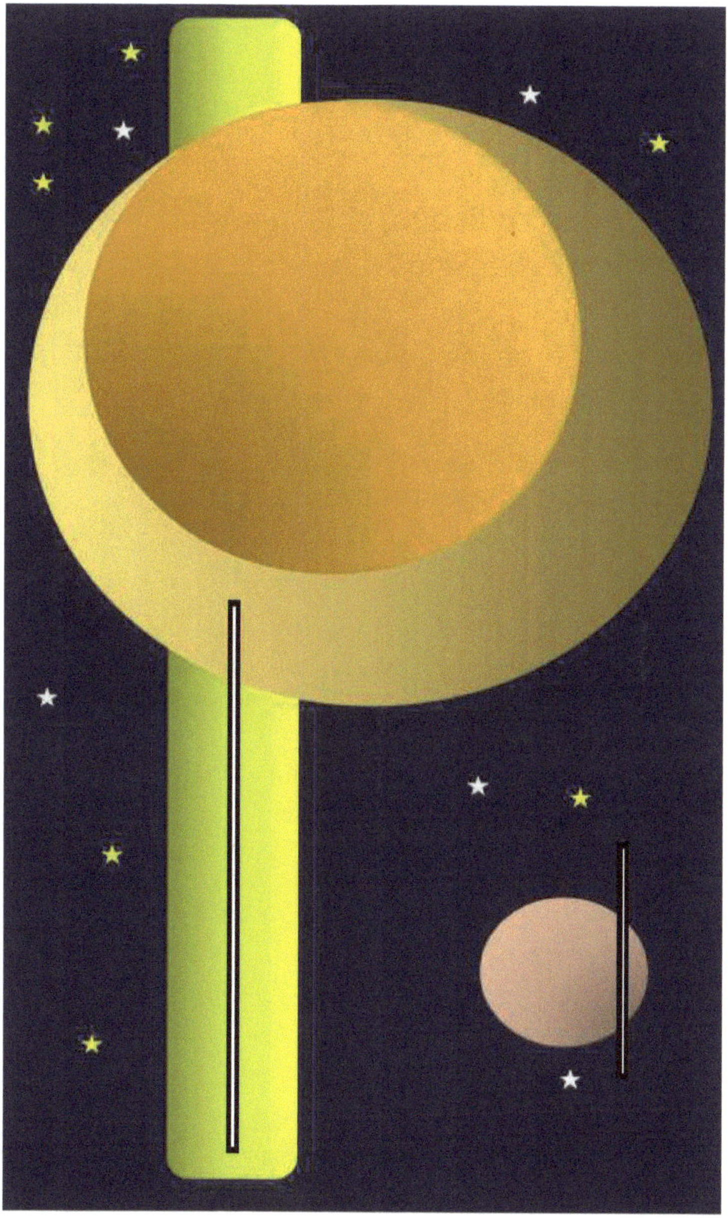

Ewige Liebe

Wer wagt es zu lieben,
wenn wir sterben müssen?

Wir träumen gerne davon,
aber es bleibt ein Traum.

Es gibt keine gemeinsame Zukunft,
keinen gemeinsamen Ort.

Und es gibt keine Ausnahme,
der Tod ist unausweichlich.

Aber unsere Liebe ist dennoch real.
Wir könnten zusammen sein.

Worauf sollen wir warten?
Unsere Ewigkeit ist heute.

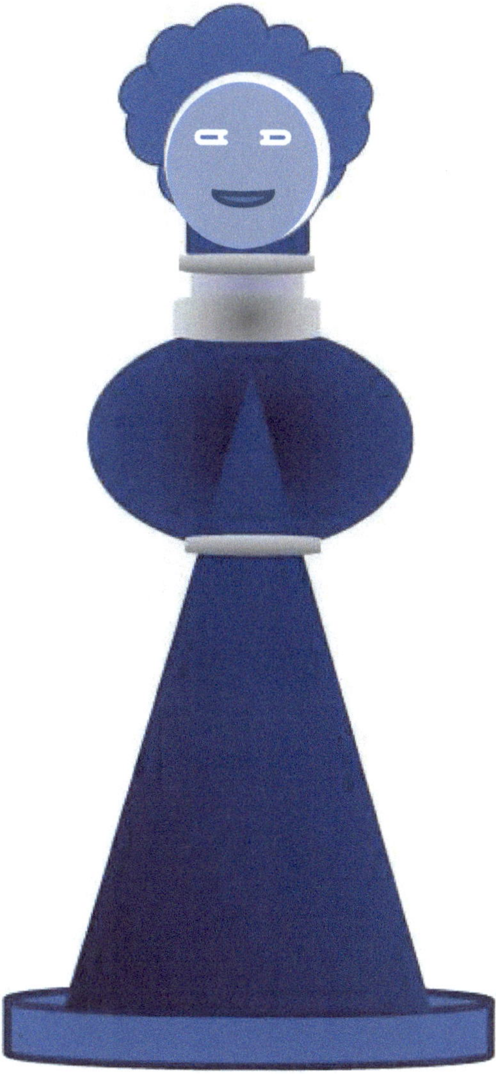

Wir

Du, nicht ich.

Ich auch,

aber vor allem Du.

Du bist nicht ich

und ich bin nicht Du;

aber ohne Dich

bin ich nicht.

Wir sind,

wenn wir sind,

eins, nicht zwei.

Du und ich

Auch wenn wir waren

Sind wir noch.

Wir.

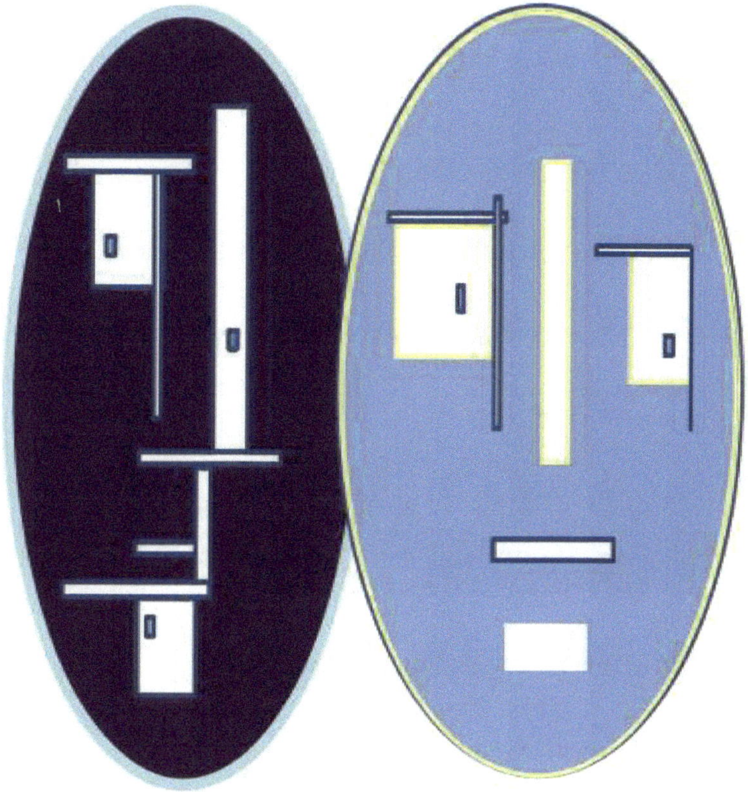

Der Ring

Nicht Kutsche oder Yacht,

nicht Amplitude, noch der Gauß,

nicht Kandinsky oder Miro,

nicht Rose und nicht Lilie,

nicht Taube und nicht Schwan,

nicht Sonne und kein Stern,

nicht Herz und auch nicht Kreuz

beschreiben die große Liebe;

so wie der Ring.

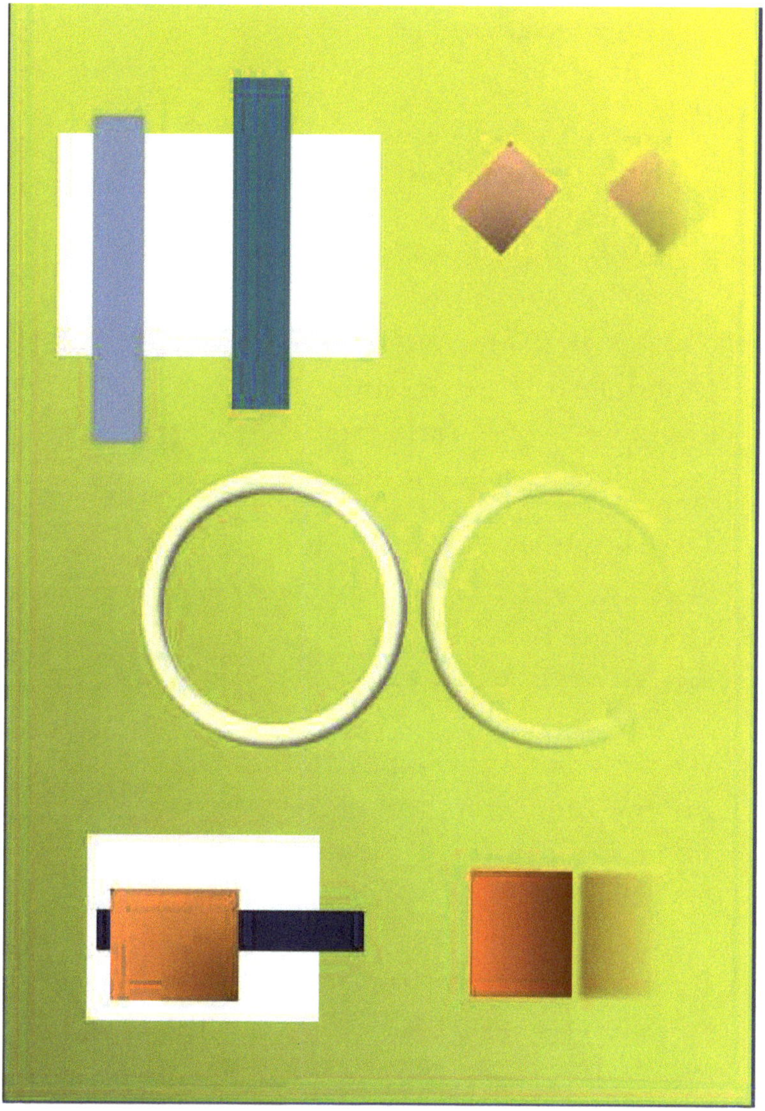

Der Blumenkranz

Glutheiß ist der August-Nachmittag,
die heitere Luft flimmert mit sich selbst
und bricht die Bilder in kleine Stücke,
über den goldenen Getreidehalmen.

Gekränzte Felder zeigen ihren Schatz.
Mohn, Kornblumen werben Wonne.
Pfade ins Nichts zerteilen die Pracht
und leiten den Wanderer zur Quelle.

Beim alten Häuschen spielt die Elfe.
Sie trägt den Blumenkranz aus Klee,
ein kurzes Kleid aus Sonnenschein
und schwebt durchs Blumenmeer.

Die Schaukel schwingt zum Himmel,
mit mir und ihr ins kolorierte Licht,
den fernen Horizont zu greifen,
festzuhalten, was uns nicht trennt.

Die Fee flicht den einen Blütenkranz
setzt ihn mir lächelnd auf das Haupt.
Auch ich bin nun gekürt, gekränzt,
doch hab' ich sie nie mehr gesehen.

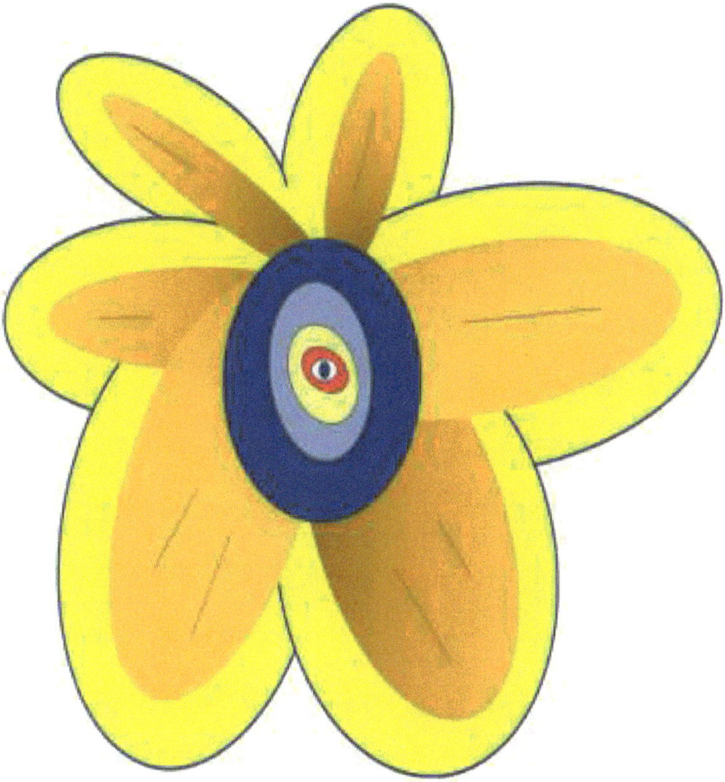

Zeeiiitttt

Weiß sind alle Farben.
Zeit ist alles Tun.
Sehen wir die Narben ?
Lassen wir sie ruh'n.

Hören wir das Gestern ?
Geschwindigkeit ist Zeit.
Dekadenz in Nestern.
Spüren wir das Leid ?

Ein Engel hat gestohlen,
zerschnipselt er die Zeit ?
Erkenntnis wiederholen,
bringt es uns noch weit ?

Stunden schaffen einen Raum,
für uns zum Überleben.
Gefunden haben wir n'en Traum,
wissen ihn zu heben ?

Ein Moment ist Ewigkeit,
wir sind Sternenstaub.
Diebe rauben uns die Zeit,
wir vergeh'n wie Laub.

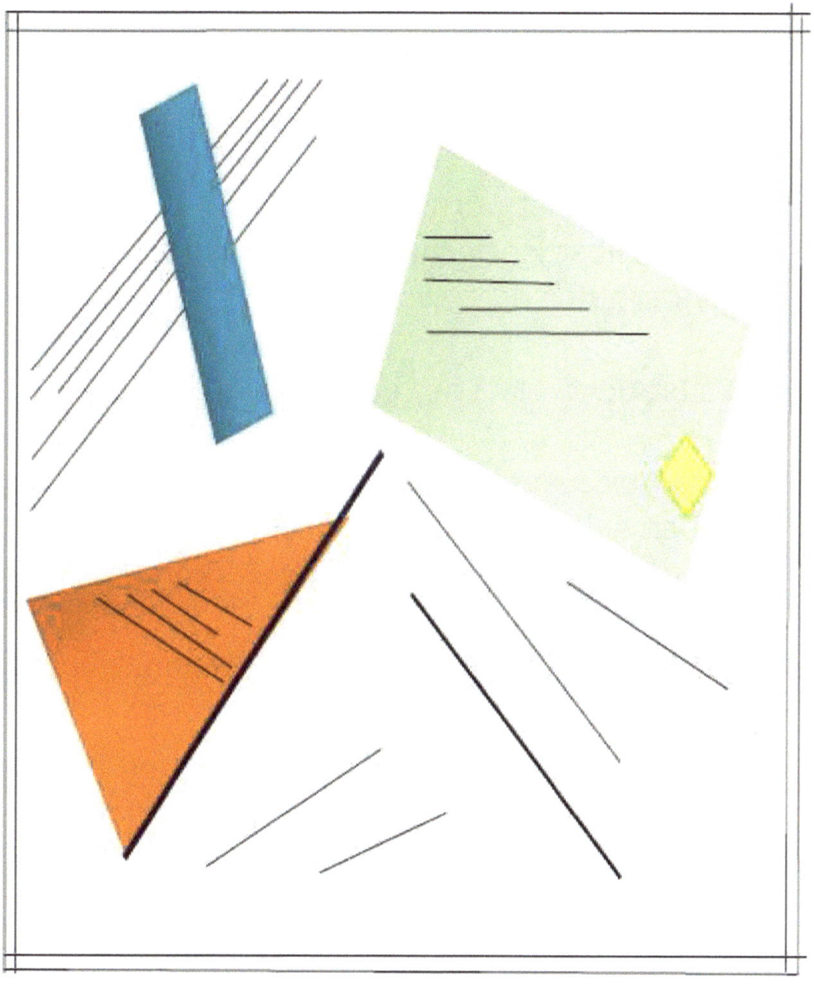

Licht und Leben

Ohne Licht ist nur Dunkelheit.
Licht selbst ist auch nicht sichtbar,
sondern nur dort, wo es auftrifft.

Es braucht Materie, um zu sein.

Was kein Leben in sich hat, ist tot.
Leben selbst nimmt man nicht wahr,
sondern nur seine vielfältige Wirkung.

Es braucht ein Herz, um es zu sehen.

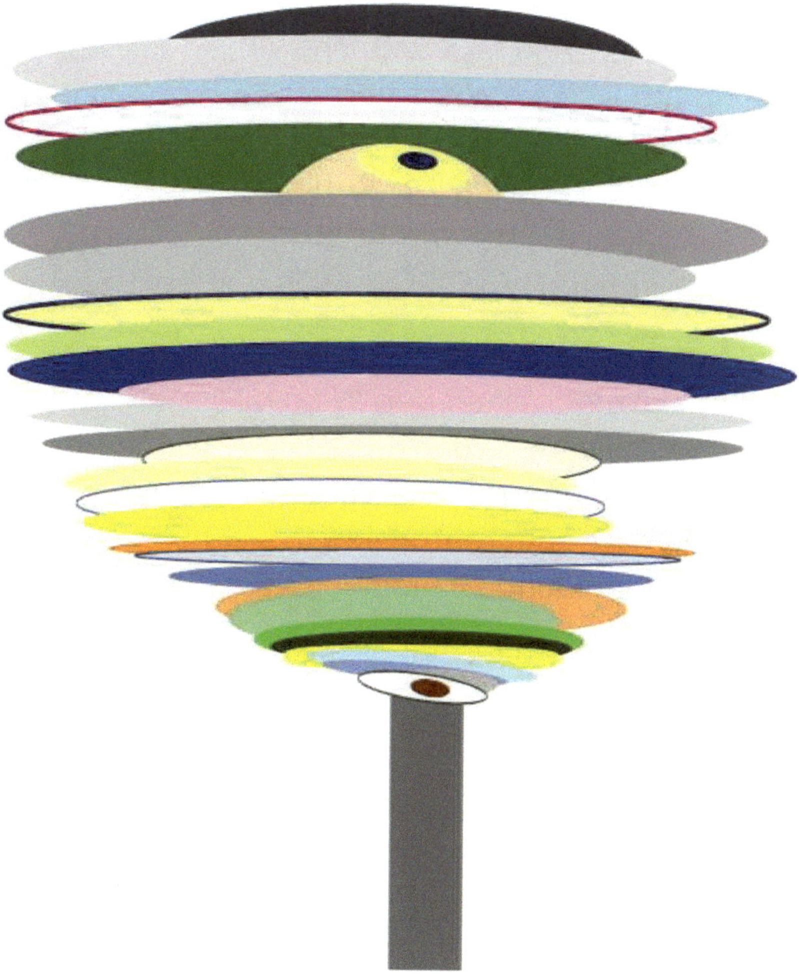

Weinseiten

Ein Glas Wein ist ein Buch,
in ihm lese ich recht gern.
Blassgelb bis Bernstein
helles Rot, schwarzer Rubin,
plaudert über Sommerhitze,
und Regen zur rechten Zeit.

Nektar sättigt das Kristall,
Spektren brechen den Wein
und schwere Gedanken auf .
Essenz tropft in Fahnen,
illustriert edle Ambrosien
in Habitus und Lichtspiel.

Parfüms entfalten Bouquet,
ergänzen koloriertes Nass,
liieren sich mit der Ästhetik
vieler auserlesener Speisen.
Holen Erinnerungen empor,
werben für den nächsten Zug.

Wenn alles vorbei scheint,
nichts mehr kommen kann,
verbleibt intensiver Geschmack
noch final am Gaumendelta.
Ein Feuerwerk froher Sinne
schießt in meinen Verstand.

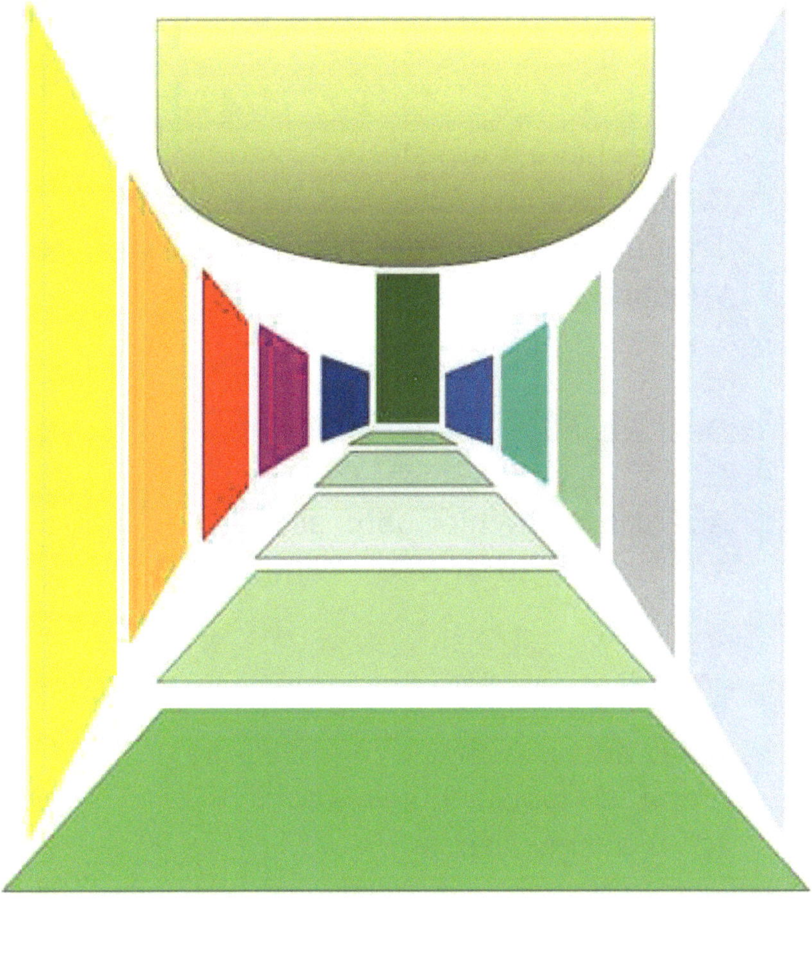

Glück

Wieder bin ich am Meer.
Sonnenstrahlen fallen auf die Haut,
Träume schweben durch die Luft.
Weicher Zauber ist überall.

Das Leben ist wunderschön.
Es ist freundlich, nicht traurig.
Aber ich stehe hier ganz alleine
am Strand, im weichen Wind.

Mit Dir wäre ich nicht einsam.
Ich brauche Dich,
damit ich glücklich sein kann.
Ich brauche Dich.

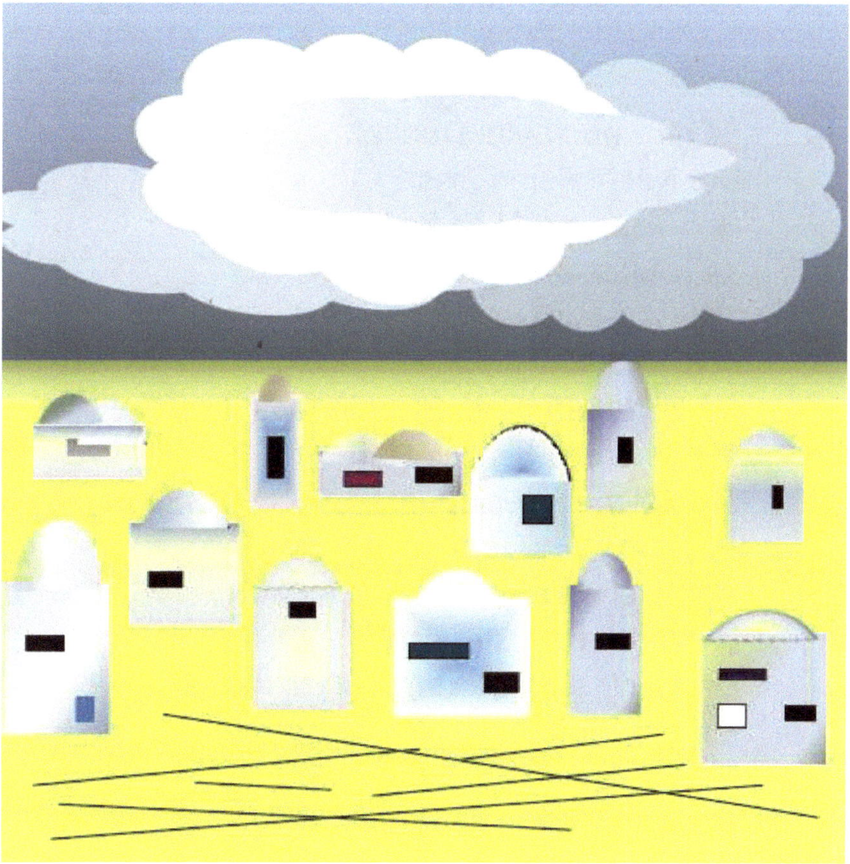

Des Lenzes Flair

Es gibt noch viel Dunkel.
Die Nächte sind frostig,
und Tage ziemlich kalt.
Kein Blatt an den Bäumen.

Alle sind warm angezogen.
Da kommen neue Strahlen.
Sie sind des Lenzes Flair,
die Zeichen der Sphären.

Man sieht sie nicht
und man hört sie nicht.
Dennoch sind sie da.
Ein Hauch in der Luft.

So stark ist er, dass alle
träumen und Mut fassen,
glauben an höhere Mächte.
Eine neue Blüte naht.

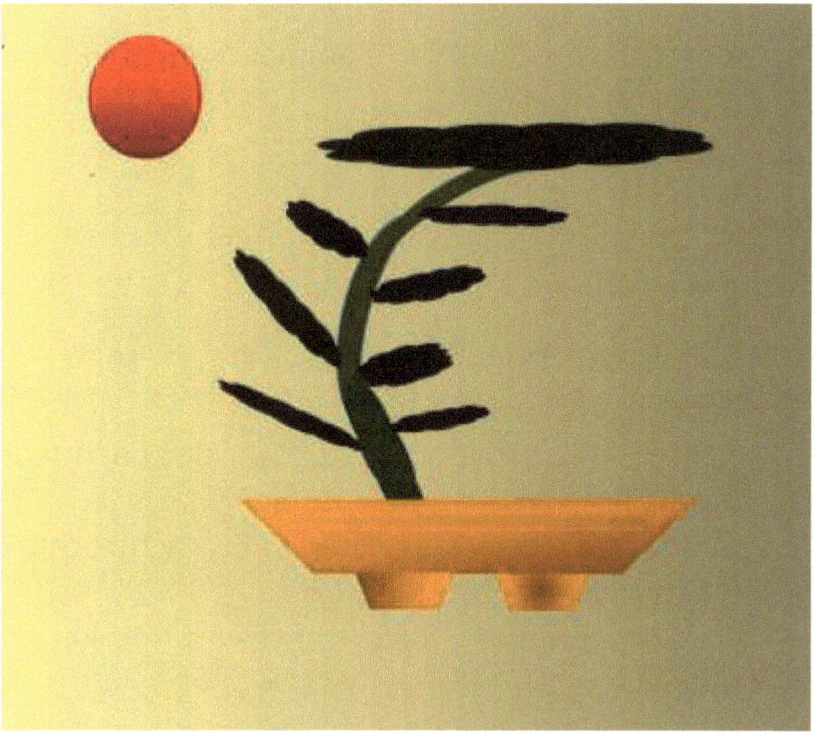

Kontaktdaten

Kurt Blessing, geb. am 07.11.1957
Akazienallee 23, 45478 Mülheim an der Ruhr
0208 / 94154343   0176 52615146
kurt.blessing@live.de

Kurzvita

Autor: Kurt Blessing, geboren 07.11.1957
in Mülheim an der Ruhr
Nach Schulausbildung, Studium der Fachrichtung Maschinenbau in Düsseldorf
Begründer der modernen LED-Lichttechnik und optischer Printverfahren.
Produktmanager, viele Jahre im Marketing tätig.
Urheber von 40 Patenten, Gebrauchsmustern und Marken oder beteiligt.
Verantwortung für redaktionelle Beiträge, Kataloge, Broschüren und Flyer.
Seit 2016: Im Ruhestand, schriftstellerisch und graphisch tätig.

Schriftenverzeichnis

epubli
Selbecker Zwillingsgeschichten
ISBN 978-3-7541-5993-4

epubli
Zwillinge in Selbeck
ISBN 978-3-7565-2760-1

Wettbewerbe und Anthologien

Christoph-Maria Liegener
5. Bubenreuther Literatur-Wettbewerb 2019
ISBN 978-3-7497-7135-6
Unser Tanz

Brentano-Gesellschaft
Gedicht und Gesellschaft 2020
ISBN 978-3-8267-0103-3
Zeeiiitttt

Postkarten Edition Schredder
Graphik und Text, 2020

meet'n learn   Essay

Spaß, Erfolg, Zukunft 07.11.2019

Geest-Verlag 2020 Sieger 2.b.bobs
59-Literaturwettbewerb
ISBN 978-3-86685-757-5
Unser Tanz

net-Verlag Maria Weise
Geschichten zum Bild, Teil 3, 2020
ISBN 978-3-95720-280-2
Die Ministranten von St. Theresia

Verlag Textgemeinschaft
Reiseberichte Pilgerreisen II, 2020
ISBN 978-3-750294-31-8
Der Weg ist nicht das Ziel

net-Verlag Maria Weise
Ich sehe doppelt - Zwillinge, 2020
ISBN 978-3-95720-283-3
Mein Zwillingsbruder

Frieling-Verlag Berlin
Lebensträume, 2020
ISBN 978-3-8280-3552-2
40 verlorene Jahre
Christoph-Maria Liegener
6.Bubenreuther Literatur-Wettbewerb

ISBN 978-3-347-17503-7
Cha Cha Cha

Brentano-Gesellschaft
Gedicht und Gesellschaft 2021
ISBN 978-3-8267-0107-8
Jünger werden

Lorbeer-Verlag
Poetica Pandemica 2020
ISBN 978-3-8267-0103-3
Erntedank 2.0

Edition Poesiealbum
Fahren und Gefahren
ISBN 2193 – 9683
Auf Fahrt

Geest-Verlag
Bittersüße Wirklichkeiten
ISBN 978-3-86685-895-4
Sinn voll

Ma Yaa
Roman   Selbstverlag

ISBN 978-3-7575-2559-0

www.epubli.de